LES

FEMMES ARTISTES

AU SALON DE 1878

ET A L'EXPOSITION UNIVERSELLE

PAR

Jean ALESSON

Rédacteur en chef de la *Gazette des Femmes*

PRIX: UN FRANC

PARIS

AU BUREAU DE LA *GAZETTE DES FEMMES*

IMPRIMERIE DUVAL, 26, RUE D'ARCET

—

1878

LES
FEMMES ARTISTES

au Salon de 1878

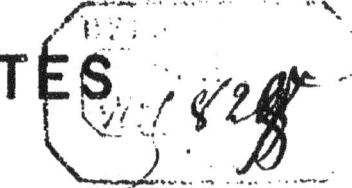

Aussi bien pour les artistes eux-mêmes qu'en faveur des amateurs, il nous paraît urgent de rechercher parmi les 762 femmes (1) qui exposent au Salon actuel, celles qui, toujours en avant, toujours en progrès, débutantes d'hier ou d'au-

---

(1) Nombre, par catégorie de genre, des exposantes aux cinq derniers Salons. (Les femmes artistes qui exposent dans plusieurs sections, sont comptées autant de fois qu'elles paraissent.)

	1874	1875	1876	1877	1878
Sculpture..................	27	22	27	26	33
Peinture...................	85	86	126	165	193
Porcelaines, faïences, émaux.	84	97	166	274	291
Miniature..................	40	32	49	44	55
Aquarelle..................	19	30	18	38	45
Gouache (Éventails), Sepia..			7	24	40
Pastel.....................	21	24	23	30	43
Fusain....................		7	6	8	15
Dessins divers.............	0	0	10	24	37
Gravure...................	10	12	11	14	9
Gravure médaille..........	0	0	2	1	1
Monuments publics........	0	2	1	0	0
	286	312	446	648	762

Ces chiffres éloquents nous dispensent de mettre en relief, sous une autre forme, la progression ascendante du nombre des femmes qui cultivent les arts.

73 femmes seulement sont récompensées : 1 décorée de la Légion d'honneur (Rosa Bonheur), 14 premières médailles (hors concours), 19 secondes médailles et 39 troisièmes médailles. Quelques-unes ont eu des mentions honorables.

jourd'hui, viennent se joindre au petit nombre des femmes qui soutiennent, sans défaillance, un des brillants côtés de l'honneur féminin : le talent dans les beaux-arts.

La femme qui s'élève en mettant au profit d'un travail intelligent son goût et sa délicatesse naturels, recueille de si rares ou de si faibles encouragements, qu'il devient un devoir pour l'observateur de saluer ses premiers succès et de lui prêter la main, si l'on est un personnage, pour la conduire jusqu'à la Renommée.

Sculpture

La sculpture féminine est représentée par 3 groupes, 8 statues, 2 bas-reliefs, 20 bustes et 6 médaillons. De ces derniers, nous ne voyons à citer que le profil argenté de l'auteur, Jeanne Bonaparte (1), plus heureuse à la sculpture qu'à la gravure, malgré ses lauriers de l'École nationale. Ce médaillon bien fouillé, d'une ligne pure, constitue en somme un début heureux. Notons après ceci le profil et les épaules d'une forte dame, œuvre de Berthe Valérie, et c'est tout.

---

(1) Nous allons avoir un grand nombre de noms à écrire. Notre imprimeur nous supplie d'alléger son labeur par la suppression des titres de *Madame* et de *Mademoiselle*, difficiles et longs à composer, et de les remplacer par des prénoms qui désigneront les auteurs d'une manière plus précise et plus favorable à la mémoire.

Ceci est grave. La seconde raison nous décide pourtant. Mesdames et Mesdemoiselles les artistes sont trop femmes d'esprit et nous connaissent assez déjà pour nous suspecter d'irrévérence ; il doit suffire de leur présenter dès maintenant nos excuses.

Un seul des groupes et des bas-reliefs nous plaît : les *Pifferari*, d'Eugénie Le Bouviez, regrettant leur ciel bleu et le porche de leur dôme. Nous en félicitons l'artiste, qui commence.

La statuaire, difficile et peu commode pour les femmes, compte en France une quarantaine de prêtresses. Huit, c'est beaucoup, ont essayé de créer des statues, trois ont réussi. Fina Nicolet avec son *Saint-Georges*, Jeanne Dubray avec son ange décoratif tenant haut la croix byzantine et rappelant par son titre au catalogue la devise des étendards de l'empereur Constantin.

Enfin, la meilleure statue, suivant nous, serait la *Sibylle*, grandeur nature, exécutée par Marie Fresnaye ; le livre sibyllin est remplacé par une table de pierre sur laquelle Persica vient de prédire l'anéantissement du génie du mal par la Vierge ; la pose a la dignité voulue, les grandes lignes s'élancent, courent et ondulent librement, et de tout point l'ensemble apparaît comme un morceau d'artiste.

Nous n'avons plus rien à dire de l'*Erigone* de M⁽ᵐᵉ⁾ Astoud-Trolley, exposée en plâtre en 1874, en bronze en 1878. Chez cette artiste, Calliope a chassé Apollon, la passion de la rime a empêché M⁽ᵐᵉ⁾ Astoud de trouver un sujet en quatre ans.

Il nous reste à passer en revue les bustes. Nous saluons, comme une vieille connaissance, le buste de Scribe par Fanny Dubois-Davesnes. M. Stanley avec son vêtement collant, et M. Worms, de la Comédie-Française, sont ressemblants et animés ; auteurs : Charlotte Dubray et Pauline Richard-Bouffé. Cette jeune fille aux cheveux tombant par flots légers personnifierait bien la Résignation ; sa créatrice, M⁽ᵐᵉ⁾ Signoret, l'a nommée l'*Innocence* ; peu importe. Cette tête de matelot méridional a du caractère (n° 4632). Le jeune tragédien en peplum de Fanny Crozier est l'œuvre d'une jeune artiste qui ne s'était révélée jusqu'ici que par une grande habileté dans le fusain. Ce début promet.

Le *Tremitovitch* de Mme Halévy, sans le talent de l'artiste, aurait rappelé, écrasé ainsi sous son large bonnet russe, certain jeu forain bien connu. Voici un joli buste de femme, costume Renaissance, bien détaillé, quoiqu'ayant encore des raideurs en désaccord avec son ampleur : c'est le portrait de Françoise de Châteaubriant, munie, sur la poitrine, de l'effigie de son royal amant ; auteur : Jeanne Eymard de Lanchatres. Voici mieux encore : deux bustes, l'un d'homme, l'autre de femme, par Marthe Angelo ; le modèle féminin, fort joli, ce qui ne nuit jamais au succès d'un artiste, est décolleté, un morceau d'étoffe légère court sur ses épaules, une fleur est fixée dans ses cheveux, c'est expressif et élégant ; le modèle masculin est très-vivant aussi sous son vêtement ouvert. Où d'autres n'ont obtenu qu'un masque, Marthe Angelo a introduit la flamme. La remarque peut s'appliquer également à Sarah Bernhardt, dont le nom retentissant va clore cette première galerie. Le journalisme parisien n'a pas marchandé ses trompettes à Mlle Sarah Bernhardt, — il a eu raison, cette femme est extraordinaire, — mais il y a aujourd'hui pour l'artiste un inconvénient grave : autrefois sa réputation passait après elle, c'était le bon temps, aujourd'hui elle passe après sa réputation. Elle est condamnée au chef-d'œuvre à perpétuité. Qu'on le sache bien, elle est étrangère à tout ce bruit fait à cause d'elle par les *bernardins* et les *anti-bernardins*, toutefois son indépendance en est victime.

Son Salon de cette année montre qu'elle peut

encore tenir tête à son nom. Elle expose deux portraits, celui d'un auteur dramatique et celui d'un habile journaliste. Le réalisme n'a rien donné de plus vivant. Peu flatteuse dans ses œuvres, Sarah Bernhardt n'aspire qu'à entrer en lutte avec la nature et à lui disputer le mouvement, aussi aimera-t-elle mieux pour modèle un visage spirituel montrant comme un cadran — que l'on nous accorde ce mot — les expressions de l'âme, qu'une beauté grecque, impassible comme la mort, frappée de l'inertie stupide d'une mondaine qui se sait belle et redoute le contact du moindre atome.

L'art proprement dit perdrait évidemment à cette école; pourtant, en matière de portrait, il n'y a pas à hésiter, on doit être de l'avis de Sarah Bernhardt.

Peinture (*Portrait et Figure*)

Henriette Browne fait plus que soutenir sa réputation, elle l'élève. Est-il dans tout le Salon une figure plus distinguée, plus patricienne, plus adorable et mieux peinte que sa *Convalescente*. Ce visage, correct comme celui d'une héroïne de Walter Scott, rendu diaphane par la maladie et l'obscurité, se recolore à la lumière, le sang remonte; la fleur se ranime, demain elle sera plus belle et plus fraîche encore. La nature s'est repentie, elle va devenir prodigue. Et comme ces étoffes floconnant, faisant parure de leurs tons délicats et tendres, sont malgré leur légèreté solidement fixées. — Nous voudrions sur les lèvres l'esquisse d'un sourire. Ce serait vulgaire, nous le savons bien, mais une convalescente est un être sauvé; or, tout être sauvé doit sourire s'il n'est pas sacrilége.

Madeleine Lemaire, que nous reverrons aux aquarelles, a brossé un spirituel portrait d'Emile Saintin, qui suffirait à maintenir l'auteur à son rang. Néanmoins, elle expose une page fantaisiste rappelant Ophélie, ses roseaux et ses iris. Admirable figure, calme, pénétrante et fascinatrice, que le pinceau n'a quittée qu'achevée. Aussi quelle récréation folle a succédé à l'assiduité ! Quelle sarabande le pinceau a dansée sur le reste !

Après quelques Salons peu remarquables, Angèle Dubos vient de se redresser avec éclat. Nous avons moins goûté sa damoiselle au satin bleu à brandebourgs, peinte avec soin, mais trop contournée, que son portrait d'une toute jeune fille blonde à large collerette rehaussée d'un nœud bleu ; cette tête est vivante, les yeux ont toute la transparence et la limpidité de la jeunesse. Nous glisserons sous les félicitations une remarque commune aux deux toiles : les chairs ont une teinte plombée qui atténue les saillies et fond les traits désagréablement.

Une médaille méritée serait celle que l'on décernerait à Berthe Delorme. Les progrès de l'artiste devraient ouvrir la main au jury. Le portrait de sa jeune sœur en velours violet, se détachant sur un fond de satin jaune, est d'une peinture hardie et distinguée. Nous aimons mieux cependant celui de la femme de son maître ; mêmes qualités, plus la grâce et le fini. L'attitude fière du modèle, reportée sur la toile, lui donne une vitalité qui n'est pas sans charme.

Delphine de Cool s'est affranchie des couleurs crues qu'elle transportait de ses porcelaines à ses toiles. Son vieux toreador en casaque orange buvant gaiement aux dangers qu'il a courus autrefois, est sobrement peint, bien éclairé sur un dessin irréprochable.

Pauline Coeffier nous montre le grand et beau portrait d'un jeune professeur de droit civil. Bien que l'original soit revêtu de la robe, la peinture a des retenues savantes. Ce portrait, d'un effet saisissant, d'une lumière douce et pénétrante, est fait avec talent. Une médaille ici, Messieurs.

Il est ressemblant le portrait de Mlle Roma Rattazzi, nous trouvons seulement que le peintre, Amélie Valentino, paraît avoir redouté le noir de jais des cheveux de l'enfant. L'autre figure, de femme celle-ci, est préférable; presque de dos, le modèle tourne la tête et s'arrête au profil, mouvement aimé de M. Edouard Dubufe. Peinture d'un goût exquis.

Deux figures de femmes, faites dans le même style, bien que signées différemment : une jeune Vénitienne, par Helen Devy, d'une peinture harmonieuse et solide qui a tout le cachet des toiles de notre vieille école, et le portrait d'une dame âgée, par Gabrielle de Pomaret, assise et couverte de dentelles, d'une sobriété de couleur et d'une solidité précieuse.

En même temps qu'un bon portrait d'homme, Eugénie Salanson, qui expose aussi au Champ-de-Mars, a exécuté une grande figure de jeune marchande de mouron. Par le soin avec lequel elle est traitée, on sent qu'il s'agit ici d'une de ces études, si chères aux artistes, sur lesquelles ils se *refont la main*, et causent intimement, pour ainsi dire, avec leur art, pour se délasser des travaux obligatoires.

Jeanne Scapre a deux portraits, l'un d'une marquise, l'autre d'un député connu et reconnu. La marquise, sur fond rouge, est vêtue d'une robe de velours noir, ouverte et bordée de dentelles blanches ; le député, qui a posé assis, a le coude appuyé sur un bureau de chêne sculpté. Ces toiles, exécutées avec sagesse de moyens et bien finies dans leurs détails, sont empreintes d'une grande distinction. Il y a des parties dignes d'un maître : par exemple, le bras en raccourci du député.

Léonie Dusseuil nous montrait, l'année précédente, la brillante figure d'un jeune homme, coquet et sympathique, tout pimpant sous ses vêtements frais ; aujourd'hui, le pinceau de l'artiste, qui a toutes les souplesses, s'est fait grave. Il a fixé sur la toile les traits d'une religieuse supérieure et les plis sombres de sa bure austère. On n'avait sans doute demandé qu'un portrait, Léonie Dusseuil a fait un tableau.

Une jeune femme, en robe de soie noire à crevés, coiffée d'un large chapeau empenné, portrait d'un dessin large et sûr, d'une peinture chaude et et adhérente, tel est le premier tableau que nous voyons portant la signature de Claudie. Madame ou Mademoiselle Claudie..... pouvait le signer tout au long.

Une servante en fonctions devant un évier, tel est l'humble sujet de la toile principale envoyée par Mme Colin-Libour. L'œuvre est bien celle d'un professeur. Aucune faute de dessin, aucun heurt de couleurs, tout est tranquille, correct et fini comme un modèle de classe. Les vaisseaux de cuivre sont merveilleusement reproduits, les étoffes souples tombent bien ; il n'y a plus qu'à dégager un peu la figure du fond.

La *Cigale* d'Anaïs Beauvais est une jeune brune que le vent d'automne surprend grelottante sur un banc de pierre, et n'ayant pour tout habillement qu'une mandoline gisant à ses pieds; elle a cependant sur les genoux, pour détourner les regards de son imprévoyance, une pièce d'étoffe verte qui serait mieux à sa place sur les épaules, si l'on s'en rapportait au plus spontané des mouvements instinctifs. Cette composition manque de la gaieté humoristique dont les peintres, qui ont traité cette nouveauté avant Mme Beauvais, ont entouré la leur, Voillemot par exemple. Il faut, malgré ce défaut, tenir compte à l'auteur de son élan et ne pas tarir sur les éloges à l'adresse d'une femme qui vise, sinon à la grande peinture, du moins à la composition. Son tableau présente d'ailleurs des qualités réelles de peinture.

Devant ce portrait d'une dame brune, par Mathilde Robert, on n'aurait qu'à applaudir sans ce rose intense qui surcharge les joues et sans l'épaisseur trop accentuée des parties noires.

Laure de Châtillon nous prive de ses pages patriotiques auxquelles elle substitue un portrait agréable à voir, bien qu'un peu lourdement gris. C'est celui d'une femme d'esprit et de talent, professeur dans une école municipale de dessin, exposant depuis 1848 (époque à laquelle elle se nommait Mlle Delaune), une série intéressante de pastels et de toiles.

Un petit portrait de femme, en robe de satin de chine blanc, exécutée sans prétention, brossé franchement, avec une science vraie du dessin et de la couleur, représente tout le bagage artistique de Germaine Dawis. Après la toile magistrale de 1877, nous aurions le droit d'en demander davantage.

Joséphine Houssaye a fait un bon portrait d'homme, simple, mais d'une facture expérimentée.

Le portrait de l'amiral de Challié, par sa fille,

est d'une touche vivante et chaude, qualité rare chez une débutante.

Une jeune blonde couverte d'une robe noire s'est assise, découragée, sur la pierre froide d'un monument, un petit fichu bleu, le fichu des *pauvresses*, encadre son visage, un violon tout honteux repose sur ses genoux, telle est la virtuose du pavé par Louise Dubréau, qui avait à l'autre Salon une toile : *Ne dîne jamais en ville,* qui fut assez remarquée. Ici, la mine piteuse nous semble exagérée ; de plus, la vertu jolie ou la beauté vertueuse, comme on voudra, jeune et valide, se livrant à la mendicité, nous frappe comme une dissonnance qui contrarie les éloges que mérite d'ailleurs l'auteur pour sa peinture harmonieuse, d'une tonalité sympathique.

Nous aimons mieux l'*étude* d'Amélie d'Hermigny. Cette vieille mendiante encapuchonnée exhale une expression de profonde douleur. Le motif était d'une aridité désespérante : on doit savoir gré à l'artiste de son courage.

Avec un bon portrait en pied d'une toute jeune fille vêtue d'une robe violette rehaussée d'un large col, Berthe Massé expose un gracieux profil de jeune brune habillée de velours noir, très-élégante de couleur.

Marie Mathieu a dérobé aux heures du professorat le temps de peindre une jeune demoiselle, fort gentille, qui a tenu à poser avec son mignon camarade : un oiseau en cage ; elle est dans une robe violette dont la teinte est relevée par un nœud de rubans bleu clair.

Mademoiselle Abbema. Nous voici en présence d'un pinceau intransigeant et audacieux qui ne doit aimer que médiocrement les observations. Nous voudrions bien savoir ce que pense Mme Doche, cette excellente et spirituelle comédienne, du festin de violet auquel l'a conviée son peintre. La toile, grandeur nature, placée déjà très-haut, gagne la frise, de sorte que les qualités nous échappent. Nous n'avons rien à dire d'ailleurs d'une œuvre que l'administration a été la première à porter aux nues. — Louise Abbema s'est amendée avec sa dame verte aux lilas blancs : portrait de la femme de l'un de nos premiers chroniqueurs judiciaires. Abstraction faite du semis de crème devant imiter le lilas blanc et de quelque lourdeur dans les traits, il reste une toile fort gaie, dont peu de personnes aimeront l'accent criard, réservant à l'examinateur des coins joliment peints, tels que le buste, les lignes sveltes et élancées, les plis harmonieux de la robe, etc. Supposez que cette jeune femme vous apparaît en plein midi, montant joyeusement les marches d'un perron, vous avez devant vous un aimable feuillet de la vie.

La dame brune, tout de noir habillée, par Clémence Altemer, peinte de profil, est traitée avec simplicité, mais non sans talent.

La jeune fille *sur sa terrasse* tenant un oiseau dans la main gauche et arrosant de la main droite un pot de primevères (n° 269) nous paraît menacer la vie de ce pauvre oiseau. En effet, il n'est guère possible, lorsqu'on tient dans une main un objet d'un certain poids, de ne point fermer l'autre main ou de ne pas l'appuyer sur le corps — comme dans l'espèce — c'est un mouvement involontaire du mécanisme physiologique. Ceci est peu de chose en somme et n'a rien qui diminue la grâce naïve du sujet, ni la tiédeur charmante de l'ensemble, encore moins la délicatesse du fini. Nous exprimerons cette année encore le même regret : la bouche de cette innocente petite fille est toujours *bébête*, il serait facile ou d'atténuer l'éclat de la lèvre ou de moins assombrir les commissures.

Mme Compte-Calix est toujours heureuse dans le genre gracieux, ses petites têtes sont bien étudiées, finement peintes et jolies, mais ce sont toujours des têtes de poupées en porcelaine.

Le portrait du mari de l'auteur, M. de Fouquières, nous représente celui-ci fumant tranquillement assis sous une casquette noire qui rompt, non sans bonheur, la lumière tombant verticalement. De beaucoup, nous préférons cette peinture à l'huile aux pastels de la même artiste. Ceci pourrait être un conseil.

Depuis la dame au lorgnon de l'année dernière, Moïna Binet a fait un grand pas dans le progrès. Son pinceau est toujours gras. Quoique cela, cette enfant en robe grise est bien peinte.

Un gentil portrait d'un pinceau très-féminin, amoureux du détail, est celui qu'a fait, d'une dame en bonne santé, Lucile Doux. La dame venait probablement de fort loin, en chaise de poste, poser dans l'atelier, car elle est encore toute couverte de la poussière du voyage.

Agar et son fils Ismaël chassés dans le désert par Sara, ont inspiré Elise Drojat. C'était une idée difficile à traduire, sortant du *tableautin* ordinaire. Nous nous empressons de complimenter l'artiste sur son énergique résolution. Ses deux figures sont très-acceptables, mais le peintre a eu la malencontreuse pensée de soulever les sables du désert et de vouloir nous initier aux fureurs d'une trombe. Nous ne vous dirons pas ce qu'il en est résulté, ni ce que le public en a pensé, comme on dit aux jeux *innocents*.

Traitant un autre sujet biblique, Moïse confié au fleuve, Jane Gardner a éprouvé un accident inverse. Son coin de paysage, ses blés, son berceau, ses deux corps de femmes ont du naturel dans le mouvement, de la couleur, une certaine harmonie poétique dans la tonalité, mais nous nous demandons où l'artiste est allée chercher de pareils types d'Egyptiennes. A l'Assommoir, probablement.

La *Lisette* de Cécile Ferrère vend ses fleurs d'un petit air narquois assez plaisant. Composition nerveuse qui eût gagné à être achevée.

Pour épuiser la série des figures ou des portraits de femmes, nous citerons : 1° la jeune fille qui tient un chaudron, qu'un *indiscret* petit chat vient inspecter; ce n'est qu'une étude, nous l'espérons, qu'a voulu faire Emma Roslin. 2° L'*Espoir* de Marie Dubreuil, rendu par une jeune brune aux épaules nues et portant ses regards vers Dieu; peinture élégante. 3° Un grand portrait fortement éclairé à la Bonnat ou à la Jablochkoff. par Marguerite Massip. 4° La dame vêtue de noir, avec des grains de corail dans les cheveux, qui constitue le troisième Salon d'Angèle Marmonier; bonne couleur, mais de la dureté; l'artiste ferait bien de fondre; qu'elle consulte un de ses maîtres, pas le second, le premier. 5° Le groupe aimable, par Marie Nicolas, montrant une mère enseignant la lecture à sa fille sur une image d'Epinal. M. Chaplin doit être satisfait de cet autre lui-même. Même coloris, même touche, même style, même luxe de demi-teintes. 6° Le portrait d'une jolie fille, aux cheveux frisés et fins, dans un corsage à crevés, sur un fond un peu tapageur, mais traité avec souplesse, bien rond, bien nuancé, chaudement peint dans un velouté mesuré qui donne de la grâce; auteur: Fanny Fleury. Mlle Fleury nous sera reconnaissante de ne pas souffler mot du portrait des décorations du général de N... 7° Et enfin, un portrait de

Mlle Marie Renaud (?), par Bertha Formstecher. Le modèle a posé assis de côté sur une chaise, sans hésitation. Le peintre a riposté, sans hésitation non plus ; il a brossé une figure qui, pour être d'une élève récalcitrante de Chaplin, n'est pas sans valeur. On croirait l'artiste élève de Fantin-la-Tour.

Nous signalerons, parmi les derniers portraits d'enfant, celui qu'a signé Pauline Laurens, représentant une toute jeune demoiselle en velours gris relevé d'un nœud rouge grenadier. L'enfant, qui tient un cerceau, n'est immobile que par obéissance ; la vie ne l'a pas abandonnée. C'est une belle peinture, très-distinguée. Puis, nous citerons le jeune garçon appuyé sur une table, en veston gris, portant les cheveux comme les enfants d'Edouard, peint par Alexandrine Joannis ; les chairs ont peut-être quelque dureté, néanmoins, la peinture est remarquable. Citons aussi, à cause des progrès réalisés en un an par Ernestine Quantin, son portrait, un peu gris.

Il nous reste à désigner un portrait d'homme à favoris, par Agathe Devé, et le monsieur qui lit dans une cave, par Noémie Guillaume. Nous n'aimons pas le genre paravent de ce dernier ; sa peinture molle et cotonneuse, *flou*, pour dire le mot, nous séduit faiblement ; cela nous fait l'effet d'une parodie de la manière de Rembrandt ou de Henner.

Peinture (*Genre*).

Une pauvre jeune fille, victime de l'amour, revient désabusée, flétrie, au foyer honnête de la famille ; elle s'humilie, à genoux, devant ses parents assemblés. La scène se passe en Bretagne. Les personnages sont bien groupés ; la situation, attendrissante, donne à chacun son expression propre. La grand'mère a acquitté l'enfant depuis longtemps, elle a tout oublié, elle lui tend les bras ; le père, impassible et digne, qui sait que son pardon n'effacera rien, regarde la morte vivante ; la mère pleure et le supplie ; le frère, un peu retiré, frappé à la fois dans son amour filial et dans son amour fraternel, demeure silencieux devant toutes ces douleurs. Nous ne voulons pas chercher de défauts dans cette belle page sentimentale, sur laquelle une femme a dépensé tout son cœur.

La petite soubrette respirant le *bouquet*, de Jeanne Fichel, a un mouvement heureux ; sa tête est délicieusement peinte. Sans méconnaître la ressource que les Gobelins fournissent aux artistes, nous nous demandons si, malgré ses couleurs éteintes, la tapisserie qui fait fond aux fleurs ne nuit pas à leur éclat. Dans un sujet aussi simple, aussi gracieux, il n'y avait pas lieu d'étouffer la cause au profit de l'effet.

Les jolis petits sujets Louis XIII, traités avec tant de fraîcheur et de jeunesse par Jeanne Rongier, n'appartiennent pas encore à cette galerie de tableaux qui, vous ravissant dès le premier coup d'œil, vous gardent encore une infinité de charmes cachés. Dans le *Fâcheux*, le corps en spirale de l'amoureux mélomane manque d'agrément ; le fâcheux n'est-il pas un peu trop petit ? Si l'amoureux se levait, quel géant ! Il nous semble aussi que l'harmonie de couleurs, déjà satisfaisante, eût été parfaite si les amoureux eussent échangé leurs perruques. Mais ceci a peu d'importance, le point capital était d'opposer un teint à l'autre. Il y a ici plus qu'une notion artistique, il y a une leçon à l'adresse des jeunes gens, la voici dans toute sa nouveauté : ne jamais tomber amoureux d'une femme qui a la même nuance que soi. — L'observation a beau remonter à Adam, qui, paraît-il, était brun, bien qu'il eût pu se dispenser de cette précaution, elle est méprisée des jouvenceaux. Tout récemment, un splendide jeune homme, épris d'une adorable blonde, l'a suivie à genoux de Paris à Edimbourg, et retour, sans obtenir même une mention honorable. Le malheureux était blond comme un Suédois.

Les aimables scènes Louis XV de Mme Leleux nous plaisent fort à cause de leur sobriété dans la réunion de couleurs primitives. L'artiste tient ce procédé de son mari. Nous n'avons qu'une crainte, c'est que la préoccupation d'adoucir un ensemble, de le fondre dans une atmosphère nébuleuse, n'entraîne Mme Leleux à négliger le dessin de ses figures; ainsi, nous ne lui demanderons pas la main de la jeune fille qui dessine, encore moins la tête.

La veuve d'Antigna peint chaque année un petit coin retiré avec la même dureté de touche et les mêmes négligences; défauts effacés à demi par le même accent mélancolique qui révèle une âme timide, ne s'émancipant que devant la nature. Sa jeune Bretonne s'inclinant pour boire à sa cruche est gentiment posée; quel dommage que les rayons de soleil qui filtrent à travers le feuillage pour égayer les abords de la fontaine s'arrêtent trop tôt et ne viennent pas effleurer les épaules de la buveuse. Quel joli effet manqué! Dans le paysage, où l'on peut tout oser, puisque la nature est responsable, la pusillanimité du pinceau est impardonnable.

Une artiste américaine, Cornélia Conant, débute chez nous par une petite toile intitulée : *la Veille d'une fête nationale.* On y voit des enfants occupés à la confection de drapeaux. Peut-être trouverait-on quelque inexpérience de mise en scène ; en attendant, on doit reconnaître chez ces enfants des mouvements naturels bien observés.

Croirait-on qu'une dame qui expose pour la première fois ouvre sa série par un tableau intitulé : *le Découragement*, représentant, devant son chevalet, une *peintresse* armée du pinceau et de la palette, anéantie, sans doute, par un clair obscur récalcitrant. Pas encore, madame Petros. Courage, votre petit tableau est d'une bonne lumière ; on croirait voir un petit Rembrandt.

Bébé vient de se réveiller, sa mère le cueille dans son berceau, l'enlève et l'embrasse ; le bambino tend ses petits bras potelés et sourit à cette première caresse. Gentil sujet, gentille petite toile, un peu étouffée par ses voisines. L'auteur, Amélie Reumaux, n'a encore exposé qu'en province, nous le regrettons.

Peinture *(Animaux.)*

Le baiser maternel interprété par Juliette Peyrol est celui qu'une vache donne à son veau. Passons. La *mare* défendue par une oie est meilleure ; la vache a des raideurs de contours et des duretés de tons que n'ont jamais commises ni Van Marcke, ni Troyon, mais le mouton, par contre, est admirablement peint.

Louise Lalande, très-compétente pour les études de chiens, a envoyé deux chiens en arrêt savamment dessinés ; ils ont la forme, la couleur et le mouvement. Que peut-on attendre de plus ? Le chien est l'animal nerveux par excellence, toujours agité, changeant d'allure à toute minute. Dévoué jusqu'au sacrifice de sa vie à la

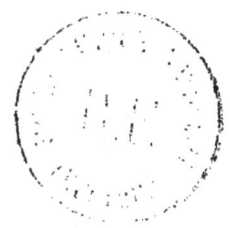

plus cruelle des espèces, le pauvre imbécile n'a aucune complaisance pour les peintres.

Le roquet d'Estelle Feral doit être en effet une fine-mouche ; de son petit air goguenard, il semble dire : « Mon peintre ordinaire débute, faites-en donc autant. » Pas possible, cher Little Fly.

Peinture (*Marines, Vues et Paysages*).

Nous saluons avec respect les toiles de Mme Elodie La Villette ; elles sont plus favorables à la cause des femmes que les plus chaleureux discours. Nous traduirons ainsi notre impression : « Voici ce que peut faire une femme ! » Chacune de ses marines est une fenêtre ouverte sur la nature, suivant l'expression de M. Louis Enault. Dans les *Falaises d'Yport*, par exemple, combien est fidèle la représentation de cet équerre grandiose produit par l'assaut éternel livré par la mer à la terre. Avec quel sentiment ce pinceau, devenu le confident de la nature, a brossé ce vaste et profond horizon, et même cet air vif et pur qui balaye l'espace et laisse voir à nu les nuances capricieuses que le plafond céleste fait subir à l'eau et à la terre. Mme La Villette fait une élève, sa sœur, Mme Espinet, qui a le bon goût de voir par les yeux de son maître. Celle-ci nous convie au flambage d'un gros bateau de pêche. Un marin ne trouverait rien à reprendre au grée-ment de l'embarcation, mais un critique taquin trouverait peut-être que l'horizon manque de profondeur ou que la plage est dépourvue de plans.

Ernestine Lavieille, dès sa naissance, était vouée au paysage ; fille d'un paysagiste et de plus, née presque dans le Bas-Bréau, elle devait suivre fatalement les petites flèches bleues du bienfaisant Denecourt. Cette année, l'artiste a traversé la forêt et rapporté de Thommery-les-Treilles une vue du Chemin-des-Buttes aux Sablons. Quelle admirable couleur et quel habile copiste le soleil a rencontré ! Nous reprocherons cependant à l'artiste un papillottement général fatiguant pour la vue. Nota : ne pas regarder les pieds de derrière de la vache noire.

Caroline Courtin a tiré des bords de l'Aven, un petit paysage gai. La rivière, après quelques méandres, s'enfonce sous les arbres, un pont de bois, jeté au second plan, et quelques canards folâtrant sur l'herbe occupent les regards. C'est un peu monotone, un peu gris, mais l'étude est valable.

Les grands murs nus d'une halle au poisson, cette halle fût-elle provençale, n'ont rien pour faire frétiller les pinceaux ; cependant, la femme d'un peintre, Mme d'Alheim, a jugé ce motif suffisant. Cette vue en vaut une autre après tout, la lumière froide et tamisée qui dessine les vendeuses est d'une observation juste. L'auteur a fait des progrès depuis sa *Chiffonnière* de 1876, signée Jeanne Limousin.

Peinture *(Fleurs et Fruits)*

Euphémie Muraton nous offre un second service de grenades. Loin de nous en plaindre, nous regrettons de ne pouvoir les emporter. On ne sait ce qu'il faut admirer le plus des grenades ou du plateau d'argent, tant les reflets de celui-ci sont d'une illusion surprenante. Quelle étincelante palette ! Adorable aussi l'autre toile, de fruits et de gibier celle-là : les petits oiseaux, hier sur la branche. aujourd'hui dessous et pendus à elle comme par ironie, les pêches, le melon, les mirabelles sont d'une vérité succulente, on mordrait dedans, disait une dame. Toutes ces jolies choses, arrachées à la vie par une main sotte et destructive, ont trouvé une fée en Mme Muraton, une seconde existence, de nouveaux Tantales.

Une branche d'iris, un chrysanthème blanc et quelques brindilles de gypse fine ou autres fleurs légères, émergeant d'une carafe de cristal à col effilé posée sur un guéridon au milieu de points de Malines et de Valenciennes, tels sont les objets gracieux groupés avec élégance par Pauline Cuno. L'artiste, dont le goût se manifeste avec éclat, a ménagé au cœur même du bouquet, une cavité simulée par du feuillage sombre; cette cavité, qui fait valoir avec vigueur tout le reste est une trouvaille. Pour une débutante voici qui promet des merveilles. — Le livret certifie que le n° 616 est de la même main, ceci est un poisson d'avril tardif.

Mlles Malbet, deux vaillantes amies de la nature, ont, comme d'habitude, fait cause commune avec les fruits et les fleurs. Elles ont quatre toiles remarquables. Nous signalons le plantureux amas de fruits peints par Delphine Malbet, très en progrès; les fraises dans une feuille de chou, le citron coupé à vésicules transparentes sont d'une imitation minutieuse et parfaite. Léontine Malbet joint à sa bonne toile de roses blanches et de pêches, une étude d'azalées blanches et roses, le peintre s'est tiré en maître de la difficulté de reproduire ces fleurs si tendres sous leurs pétales de mousseline.

Les camomilles des champs de Louise Darru, quoique bien détaillées, ne valent pas les roses de 1877, les coquelicots qui les accompagnent · sont privés des reflets de satin dont nos yeux aimeraient à se réjouir. Emma Fanty-Lescure a mieux peint les siens.

Un peu chargé le bouquet de Clarisse Alozio, le large soleil abuse de son disque envahissant, mais la couleur générale est vraie. Bon début.

Les roses et les giroflées de Léonie Barillot (un nom nouveau) sont une excellente étude. Couchées sur le coin d'une table, elles ont été saisies sans arrangement aucun; c'est un excès de simplicité prévue; les roses, ainsi séparées les unes des autres, étaient plus faciles à peindre.

Le second Salon d'Anna Bourgeois n'a rien gagné sur le premier. Les chrysanthèmes dans un vase de faïence camaïeu, sont rendus avec soin, il faut le dire. Le chrysanthème est une fleur complaisante, qui pose longtemps, dont le détail échevelé est d'une reproduction rapide; les artistes n'en abusent-ils pas un peu? En voici sur un banc de pierre par Julie Crouan, en voici encore avec des marguerites par Stéphanie Dussieux. Tous sont très-vifs, très-frais, mais trop de chrysanthèmes.

Après avoir montré un bon tableau en 1876, puis un moins bon en 1877, Louise Desbordes vient de ressaisir le succès avec de belles pivoines traitées en panneau. Peinture large, abondante, colorée.

Les hortensias de Gabrielle Desvignes méritent plus que des encouragements. Il y a progrès sur le portrait de 1877.

Ces deux pots de primevères d'Emily Faller ont le velouté agréable. La bourriche versant, giroflées, jacinthes et pensées par Marthe de Jouffroy, est d'une simplicité heureuse en dépit de quelque négligence de dessin. On conçoit aisément que l'auteur ait eu des succès en province.

Rien, cette année, de Mlle Alice Vasselon. Ce pinceau délicat et gracieux aurait-il des défaillances?

Peinture *(Natures mortes)*

Des huîtres, des crevettes, un citron coupé, des verres à boire du vin du Rhin, tout cela bien éclairé, frais et vrai, constitue la toile de début d'Emma Beleys.

Un bar reposant sur des huîtres, appétissant comme la vitrine de Chevet, tel est le tableau de Mme Noble-Pigeaud.

Pour terminer avec les mollusques, citons les cinq coquilles d'huîtres et les moules d'Amélie Deschamps. On ne saurait reprocher à la débutante la recherche dans les apprêts.

Brillant pinceau celui d'Isabelle Claudon. Sa nature morte est vivante : violon, flacon, lauriers, le tout rehaussé d'une draperie à doublure orange, s'entend bien à fournir une décoration puissante.

Sabine Méa pouvait se dispenser d'annoncer son maître. Son vase de Sèvres, et surtout son aiguière en cristal de roche, avec ses facettes et ses transparences, rappellent M. Desgoffes.

Un peu ternes, les vieux livres, le collier et le pistolet de Louise Blanchard (un nouveau nom). Tant de locomotives lancent leur suie sur les fenêtres de l'artiste! Mais ces objets sont bien détaillés, bien finis.

Miniatures et Emaux

L'art si féminin, si gracieux, mais si long à acquérir, de la miniature, fait peu d'élèves. Nous ne voudrions pas faire un grossier rapprochement, cependant, il faut en convenir, les photographies enluminées, assez bonnes aujourd'hui, sont auprès d'un certain public en rivalité avec les miniatures. Par leur exposition annuelle, les artistes ont l'esprit de montrer qu'ils ne sont point surpris d'une nouveauté qui les atteint ; ils soutiennent hardiment ce côté charmant de l'art français. Il existe chez nous et ailleurs, d'assez nombreux amateurs connaisseurs pour délivrer les palmes aux miniaturistes.

Si l'on remarque peu de signatures nouvelles, en revanche celles de Mmes Monvoisin, Lapoter, Delville-Cordier, dont le public a consacré la notoriété, ainsi que celles de Mmes Caroline Desenclos, Thérèse Chautard, Marie de Chevarrier, qui gagnent chaque jour de nouvelles mémoires, les meilleures en un mot traduisent leur ferveur et leur confiance par des bijoux remarquables.

La dame brune en robe bleue (n° 3517), le portrait de M. Davrigny par Mme Lapoter, si vivant qu'on dirait que le jeune comédien va dire les *Prunes* ; la jeune fille vêtue de soie noire (n° 2623), d'un délicieux détail ; les deux enfants par Caroline Desenclos, ainsi que la dame parée de violettes et de marguerites, par la même, sont d'une douceur et d'un fini adorables. La *Prière du matin*, d'après Cot, par Mlle Boquentin, est d'un effet un peu vif, pourtant les parties ombrées sont aérées.

L'administration a classé avec la céramique

cinq petits portraits peints à l'huile par Louise de Lacger, de Toulouse. Rien n'est plus coquettement terminé que cette œuvre d'un pinceau effilé comme la pointe d'un graveur.

Aux émaux, nous avons noté le *Fil rompu*, camaïeu grisaille de Marie Gobert ; un portrait de femme (pas celui de la reine d'Espagne) par Marie Puisoye ; le portrait de sa sœur, par Gabrielle Debillemont ; deux portraits d'hommes par Henriette Horden, qui jusqu'ici n'avait exposé qu'aux porcelaines, et l'*Espace*, de Marie de Nugent.

Aquarelles et Gouaches.

Les aquarellistes voués au paysage ont toujours à leur tête Mme la baronne Nathaniel de Rothschild et Mme Courtois-Valpinçou. Celle-ci montre neuf vues prises aux environs de Dinard. On ne rend pas avec plus de sûreté ni avec si peu de touches le soleil, la distance et le grand air. Mme de Rothschild, qui s'était abstenue en 1877, a passé d'Italie en Bretagne, d'où elle rapporte deux brillants feuillets, garnis au premier plan de ces effets de mirage que l'artiste recherche et rend avec tant de bonheur ; les maisons du vieux Vitré avec leurs toits moussus, pittoresquement superposés, et ce lavoir breton au milieu de masures dont les lignes sont rompues par des bouquets d'arbrisseaux dont les racines sont un mystère ; toute cette nature est soigneusement reproduite.

Amélie Rey a tiré d'un site connu du Dauphiné, la *Fin du Monde*, une très-franche aquarelle.

Après la grande nature, la petite ; après les arbres, les fleurs ; après les maisons, les habitants. Voyons d'abord les fleuristes. Voici Mme Lemaire avec de grosses roses jaunes et des marguerites : les fleurs viennent d'être coupées, leur éclat va disparaître, l'artiste le sait, aussi l'on jette les tons à la hâte, ils se pressent, s'accumulent, complètent des ensembles et prennent des formes avec hardiesse, avec brio, avec science. Cette école paraît être suivie avec intelligence par une jeune artiste, Jeanne Mazeline, qui débutait cet hiver au Salon de Nice; ses roses sont largement peintes. — Plus loin, nous rencontrons des talents différents en Marie Pichon (qui s'abstient à la peinture), et en Fanny Burat; les anémones de l'une et les capucines et volubilis de l'autre sont, au contraire, d'un pinceau plus retenu, mais non moins heureux. Les anémones de Mlle Burat, cependant, sont en trop grand nombre, elles ont l'aspect d'une tapisserie.

Dans les rares figures à l'aquarelle, nous distinguons une petite femme en satin violet, époque Louis XVI, consultant son baromètre, par Cécile Lafosse; l'allure, le mouvement n'a peut-être pas une grâce accomplie, en retour, on est ravi de la bonne couleur obtenue par la silhouette sur le fond marbré de la salle. Nous voyons ensuite un amoureux Louis XV, coloré gentiment, attendant que Louise David le vienne débarrasser de son chapeau; puis une dame couverte d'une robe épaisse, par Bertha Formstecher; et enfin, la petite blonde, peinte avec amour par sa mère, Alice Wagrez. N'oublions pas une fidèle copie de Palizzi, par Marthe Lanjalley.

Des éventails, nous parlerons peu. Soit par fatigue, soit par sévérité injuste, nous ne les trouvons pas brillants. Le *Marché aux Fleurs*, d'Eugénie Gruyer, qui signait hier Brielmann, et obtenait sous ce nom un prix à l'Union centrale, a des groupes heureux, mais l'ensemble est

inondé de laque ; le *Coin de bois*, copié sur De-
lobbe par Alice Lévy est meilleur ; il a des verts
et des bleus irisés comme des décors de féeries.
Les *Faneuses*, de Marie Pichon, méritent mention.
Nous ne voyons plus à citer qu'une gouache à la
mode, du blanc sur soie noire, d'Eugénie Molard,
et la *Bergerade*, de Thérèse Roubaudi, dont nous
écrivons le nom pour la première fois.

Pastels, Fusains, etc.

Marie Fontaine, délaissant les fleurs pour la
figure, a fait de son père, — et de son maître à la
fois, — un magnifique grand portrait souple,
transparent et solide. Sur le même rang, notre
appréciation place Pauline Coeffier, Louise de
Lacger, Marie Baübry et Jeanne de Lanchatres.
D'un accent plus chaud que sa voisine, la blon-
dinette, en chemise, de Mme Coeffier, est ravis-
sante d'espérance sous sa chevelure luxuriante ;
la *Jane*, de Mme Baübry offre les mêmes qualités
sous sa mousseline blanche fixée par une cein-
ture écossaise. Comme Elisa, Jane a d'abondants
cheveux. Le profil 2888 est d'une coquetterie
charmante, d'une harmonie fine. — Les deux
grands portraits dessinés par Louise de Lacger
sont dignes d'examen. C'est d'abord une jeune
brune, en robe bleu-clair, le coude appuyé sur
des livres placés sur une table au milieu des objets
favoris du modèle, — trop de détails — ; puis une
autre brune, de profil celle-ci, toute de rose habillée, mieux éclairée, plus fondue et plus ronde.
D'autres pastels nous ont retenu : 1° la dame
âgée, de Mme Mac-Nab, professeur municipal ;
2° la petite fille cravatée de bleu, par Marie Bor-
deaux ; 3° une tête d'étude, tête féminine, parée

d'une chevelure à la Titien, par Valérie Gautier;
4° une grande figure de femme en robe jaune un peu
ouverte, par Lucile Artus : les étoffes sont exac-
tes, mais le visage ne donne que des promesses,
il est monté sur une carotide raide et disgracieuse,
et les yeux sont desséchés sous de la poudre de
charbon. Hâtons-nous d'atténuer notre sévérité
en rappelant que nous ne discutons que les œuvres ayant une valeur quelconque. Citons enfin,
pour fermer la galerie des portraits, la jolie petite
fille au sourire d'adulte, dessinée par Blanche
Langlois, très-fraîche et très-coloré au retour
d'une course dans les blés.

Si nous passons à l'examen des fruits au pastel,
nous trouvons deux artistes qui ont atteint, suivant nous, la perfection; l'une est Eugénie Pel-
letier, auteur des framboises et des prunes dans
des feuilles de chou; l'autre est Claire Mallon,
qui a signé une branche d'abricotier chargée de
ses fruits. Ces modestes, mais superbes études,
n'ont de rivales qu'en la nature.

Arrivons aux fusains. Le fusain a fait des con-
quêtes nouvelles, toutefois, il garde ses favorites :
Mmes Fanny Crozier et de Naintré, (pseudonyme
de Mme L... d'I...). Mlle Crozier a dessiné une vue
des bords du Rhône, non pas ce Rhône impétueux
qui se permet les galets comme un océan, mais
un Rhône tout jeune, contournant avec docilité
un paysage qu'il anime, qu'il rafraîchit, qu'il en-
soleille et qu'il poétise. Le pont de Bétharan,
connu des touristes, a trouvé, lui aussi, un aimable interprète en Mme de Naintré, qui a copié,
sans trop de lourdeur, les nappes de verdure sus-
pendues à ce pont et qui font de lui un décor de
ballet. Si nos souvenirs sont précis, il nous
semble que l'artiste a omis de reproduire la toile
de fond dudit décor. — Un gentil fusain est encore

celui de Mlle Bouvier–Pellion, donnant une vue de Manneville prise en deçà de la porte du vieux château. De la part d'une commençante, c'est fort joli.

Parmi les dessins, nous choisissons un bon profil par Eugénie Frisler; une jeune fille assise tenant un éventail, d'un crayon un peu dur, mais habile, par Louise Duponchel; les petites Italiennes, de Florence Kœchlin et d'Hélène Przepierska, et trois portraits d'enfants, estompés par Mlle Wymbs.

Porcelaines et Faïences.

Le nombre des œuvres d'art exposées dans cette catégorie suit une progression ascendante considérable, — on l'a vu par notre tableau. — Chaque année, l'examen devenant plus long, rend en même temps notre choix plus scabreux, plus délicat; notre attention est tenue en éveil par la crainte de décourager qui que ce soit. On rencontre moins ici que dans les autres branches des beaux-arts, des talents dits *d'amateur*, sur le degré desquels la critique peut dire librement son sentiment. La plupart des peintres céramistes cherchent dans l'exercice de leur art une ressource lucrative; on doit donc être circonspect. Nous ne pouvons pas non plus nommer tout le monde. Que faire alors? Se taire? Est-ce possible lorsque tant de talents disséminés demandent justice? Peut-on, par exemple, obtenir sur porcelaine un portrait de femme meilleur que celui de Mlle A..., par Claire Chevalier, d'une pureté et d'une harmonie aussi suaves? Quelle expérience des couleurs vitrifiables! Peut-on mieux reproduire le *Printemps* que Delphine de Cool? Le camaïeu rouge d'Elisabeth Bernard? L'*Atala*, si bien dans le style de l'original, par Marie Bodsom? La *Naissance de Vénus*, d'Eliane Pappassimos? le *Flambeau de l'Amour*, de Camille Brazon? Le nº 2451, de Louise Bion? Le nº 3685, de Marie Puisoye? Les deux ovales fleuris, si finement peints, de Louise Courajod? Le petit *Sous Bois*, un vrai Diaz, de Virginie Quesnél-Pouyer, etc.? Ne sont-ce pas là des morceaux de premier ordre?

Il faut absolument que l'on nous passe pour cette fois la division en trois sections du mérite de ces infatigables et si intéressantes artistes. On vient de lire la première, voici la seconde : les *roses* et les *pivoines* d'Emma Boyé, la *Nysa* de Mélanie Bocquillon, dont le pinceau ne laisse pas la couleur patiner sur l'émail; le portrait d'une forte dame blonde par Eugénie Delahays; une fort belle *Léda* de Moreau sur émail cru par Mᵐᵉ Bauderon de Vermeron, un grand camaïeu bleu, très-vigoureusement nuancé, par Mᵐᵉ Léon Boutin ; la *Lesbie* de Claire Hildebrand, des portraits par Marie Jalabert, Marie Rouen et Marie Leclaire, le vaste plateau de Marie Boverat (depuis hier Mᵐᵉ Alavoine), le nº 2493 par Gabrielle Bouilh et le nº 2418 d'Alice Bellion, la dernière Vierge de Bouguereau par Jeanne Vautrin, un Chaplin par Eugénie Sallé, une *idylle* de Berthe Lajugie, etc., etc., et une vingtaine d'autres noms inscrits sur notre carnet et qu'à notre grand regret nous sacrifions faute de place.

Passons à la troisième série. Voir le livret.

Gravure

Désertion générale à la gravure. Seule, Pauline Laurens pourrait être citée avec justice. Faisons un effort, promenons nos regards à trois mètres au-dessus de leur niveau. Voici cinq sujets destinés à illustrer un livre de Droz, gravés sur buis par Claire Duvivier ; voici d'autres bois, diantrement secs, envoyés par Mlles Lecoursonnois et Clémence Moll. Mesdemoiselles ! que vous êtes jeunes encore !

La gravure sur pierres fines est plus heureuse. Elle compte une représentante, Léonie François, qui a un très-pur profil de *Méduse* sur cornaline.

Notre humble examen est terminé. C'est *la première fois* qu'à propos du Salon, on publie sur les ouvrages des femmes un compte rendu aussi spécial, aussi détaillé, aussi étendu. Nous espérons qu'en faveur de notre labeur consciencieux il nous sera fait rémission des fautes qu'inévitablement nous avons dû commettre dans un travail aussi hâté.

———◆———

LES FEMMES ARTISTES

A L'EXPOSITION UNIVERSELLE

Dans notre *Gazette des Femmes*, nous avons annoncé une étude sur les travaux féminins à l'Exposition universelle. Pressé par la nécessité de publier le *Salon* en temps opportun, nous ne pouvons fournir ici cette étude si longue, qui n'aura d'intérêt et de valeur que si elle est méthodique et par conséquent faite lentement. Nous la publierons, en attendant mieux, dans la *Gazette des Femmes*.

Toutefois, dans nos courses rapides au Champ-de-Mars, nous avons pu saluer des œuvres dont nous avons déjà rendu compte ailleurs, ou dont la beauté nous a frappé, entr'autres les tableaux de Mmes Henriette Browne, d'Elodie La Villette, d'Eugénie Salanson, de Marthe Esnée-Perin, de Clémentina Tompkins, de Rosa Venneman, d'Agnès Borjesson, etc.; les aquarelles de Mmes Madeleine Lemaire, de la baronne Nathaniel de Rothschild, de Gillies, etc.; les sculptures de Mmes Léon Bertaux ou Claude Vignon, de miss Grant ou de Fina Nicolet, etc., etc.; les émaux, les faïences ou les peintures toutes spéciales de Mmes Fanny Olivary, J. Sterne, Marie Puisoye, comtesse de Villermont, etc., etc.

17 juin 1878.

La Gazette des Femmes, revue du progrès des femmes dans les beaux-arts, la littérature, l'enseignement, etc. — Rédacteur en chef : Jean ALESSON. — 26, rue d'Arcet, à Paris. — 5 fr. par an. — Rédaction : 3, place de Vintimille.

Paris. — Imp. Duval, rue d'Arcet, 26.

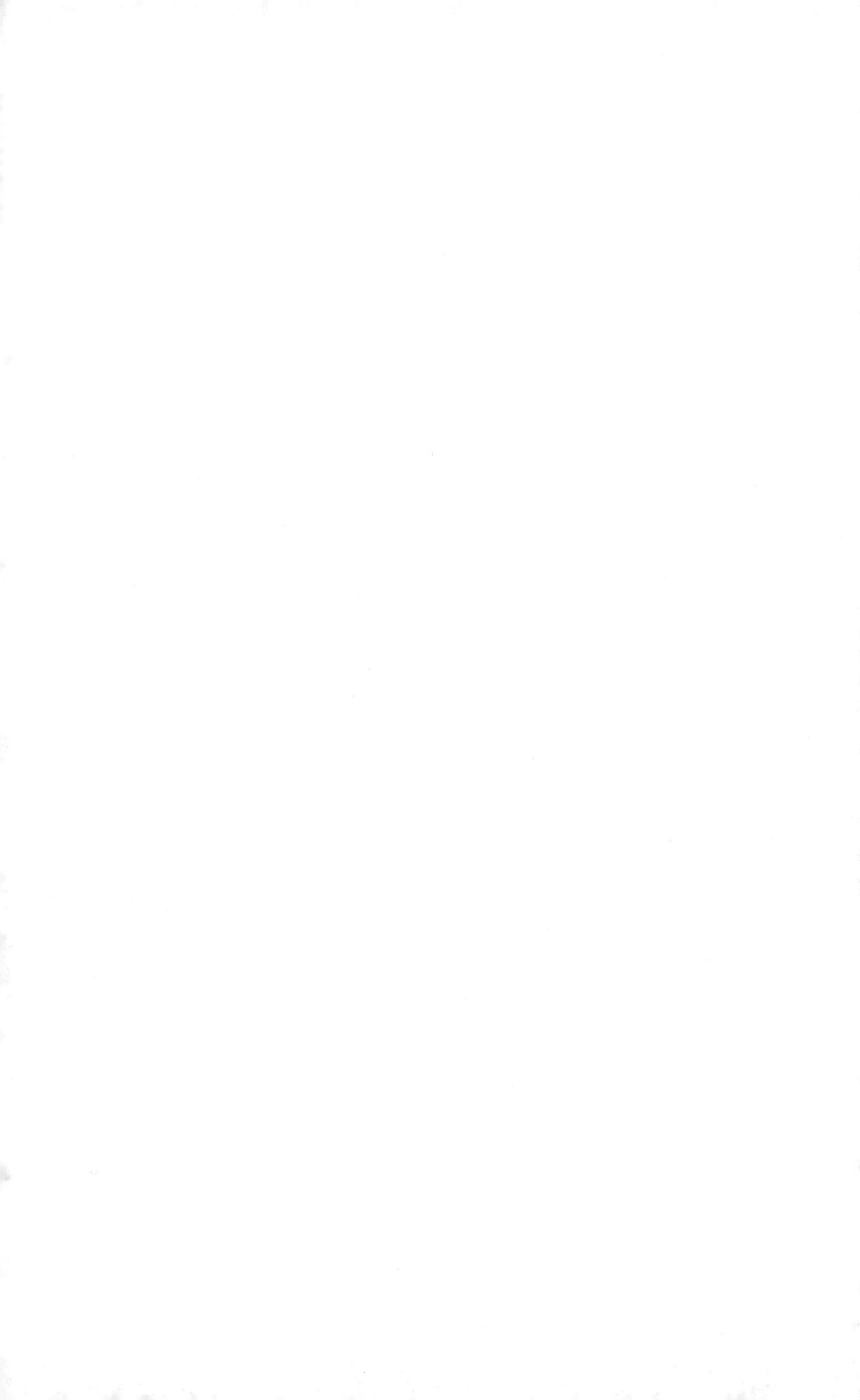

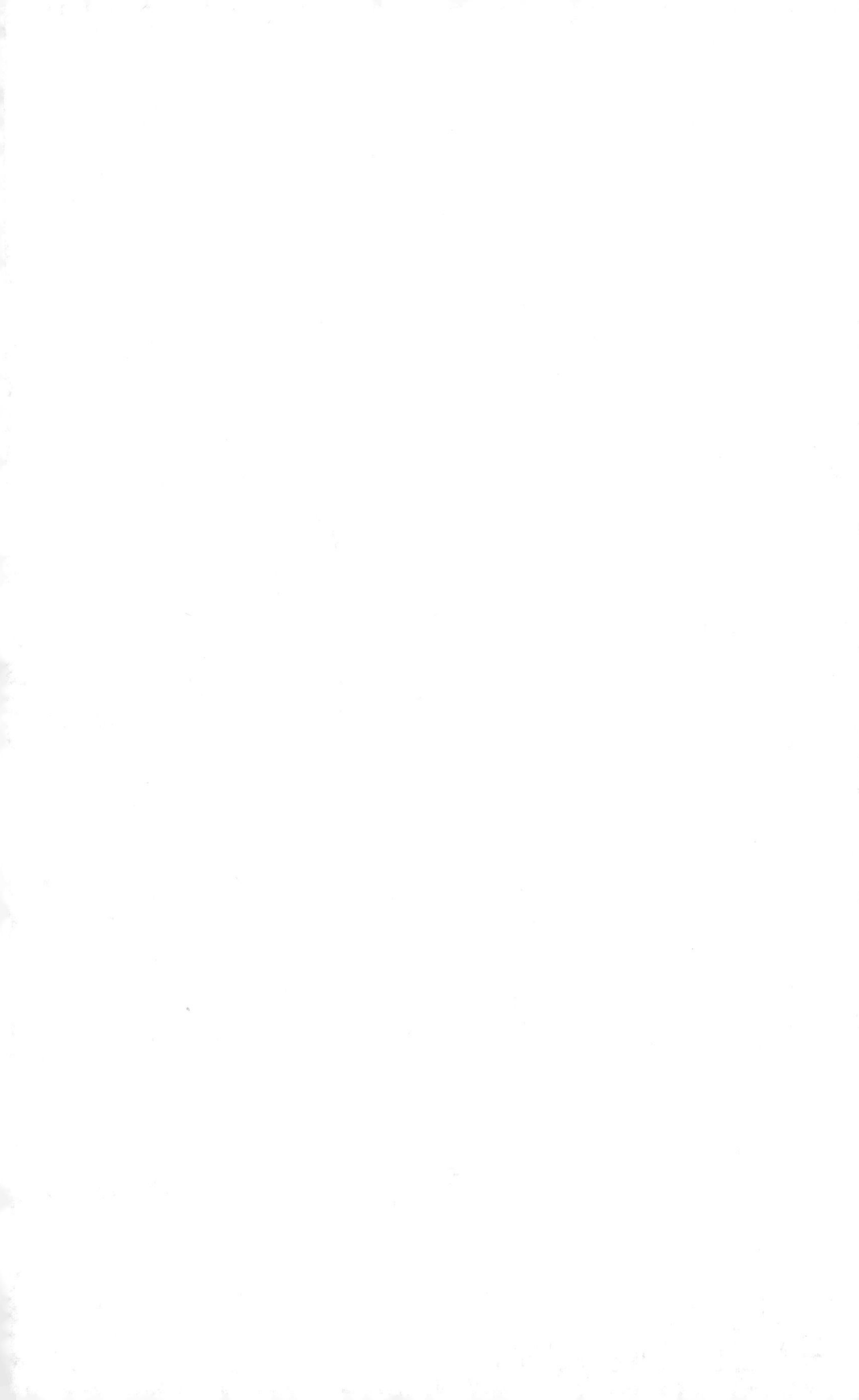

www.ingramcontent.com/pod-product-compliance
Lightning Source LLC
Chambersburg PA
CBHW030123230526
45469CB00005B/1778